ज़िक्र

कुमार प्रेम 'पिनाकी'

सन्मति

Title : Zikr

ISBN: 9788194712954

प्रकाशक

सन्मति पब्लिशर्स एण्ड डिस्ट्रीब्यूटर्स

बी-347, संजय विहार,

मेरठ रोड, हापुड़-245101 (उ0प्र0)

website : www.sanmatiindia.com

email: sanmati555@gmail.com

मो : .8439645104

प्रथम संस्करण : नवम्बर 2020

समर्पण

आदरणीय बाबा जी
श्री रामलखन त्रिपाठी
जी को समर्पित

मनोभाव

शब्द से खुशी, शब्द से गम
शब्द ही पीड़ा, शब्द ही मरहम।

हमारे जीवन में घटनाओं का बहुत गहरा प्रभाव होता है। कुछ घटनाएं सुखद होती हैं और कुछ घटनाएं दुःखद होती हैं। इन घटनाओं को व्यक्त करने के दो तरीके होते हैं; एक, जिसमें व्यक्ति बोल कर अपनी सारी बातें दूसरे को बता देता है और दूसरी, शब्दों के माध्यम से, जिसमें व्यक्ति घटनाओं को व्यक्त करने के लिए शब्दो का सहारा लेता है। वो सम्पूर्ण घटनाओं को शब्दों के सहारे बयां कर देता है। असल मायने में हम यह कह सकते हैं कि ज़िक्र करने के दो तरीके हैं; एक, स्वयं से बोल कर, दूसरा, शब्दों के सहारे बोलकर।

ऐसे में इस किताब में भी कई घटनाओं को देखकर, सुनकर, महसूस करके शब्दों के सहारे व्यक्त करने की कोशिश की गयी है।

"ज़िक्र" में ज़िक्र है माँ का, पिता का, प्यार का, समाज का, समाज के लाचार होने का, किसी के अधिकार का और महादेव त्रिकाल का।

"ज़िक्र", जोकि अब आपके हाथों में है, को जब आप आगे पढ़ेंगे तो आप पाएँगे कि बहुत ही सरल शब्दों में, मैंने भाव व्यक्त करने का प्रयास किया है क्योंकि भाषा अगर सरल हो तो भाव समझने में आसानी होती है। यही आसानी, हमें आपस में जोड़ती है। जब आप इसे पढ़ेंगे तो कुछ वाक्यों को पढ़कर शायद आपको ऐसा लगे कि ये हमारे बीच हो रही घटनाओं का ही कविता स्वरूप है और आप खुद को जुड़ा हुआ महसूस करेंगे।

अगर आप इन कविताओं को पढ़कर खुद को जुड़ा महसूस करेंगे तो यही मेरे लिए मेरी लेखनी का पुरस्कार होगा।

इंग्लिश में एक बहुत अच्छा वाक्य है:

A good listener is a good speaker.

जो अच्छा श्रोता होता है वही अच्छा वक्ता होता है।

मैंने काफी कविता पाठ करने वाले व्यक्तियों और बहुत से रचनाकार को पढ़ा और उन्हें पढ़ने के बाद लगा कि हर व्यक्ति ने स्वयं पर बीती या समाज पर बीत रही घटनाओं का बहुत ही सुंदर वर्णन कविताओं के माध्यम से किया है। ज्यादातर कवियों की रचनाओं में तत्कालीन परिस्थितयाँ परिलक्षित होती हैं।

"ज़िक्र" में मेरे द्वारा लिखी गयी ये लाइन इसी बात को परिभाषित करेंगी:

मेरी अपनी कहानी है, मेरे अपने किस्से हैं,
दर्द भी बंटा हुआ है, उसके भी कई हिस्से हैं।

- कुमार प्रेम 'पिनाकी'

अनुक्रमणिका

सच्ची भारतीयता

हम वसुधैव कुटुम्ब की बात करें,
तुम वैमनस्य फैलाते हो
हम एक लहू की बात करे,
तुम सड़को पर लहू बहाते हो
हम मानवता की बात करें,
तुम एक कौम बतलाते हो
हम जीव- जीव से प्यार करे,
तुम नफरत के बीज बुवाते हो
हम भारत के होने पे नाज़ करें,
तुम भारत को बुरा बताते हो
हम प्राणदा जीवन की बात करें,
तुम सांघातिक स्थितियां ले आते हो
हम नवोदित देश की बात करे,
तुम उसमे भी टांग अड़ाते हो
हम अटूट रिश्तों की बात करें,
तुम उसमे भी फ़ूट ले आते हो
हम मानव संधि की बात करें,
तुम दुरभिसंधि ले आते हो
हम अनसूया जीवन की बात करें,
तुम अनुचर होने पर इतराते हो
हम सदाचार की बात करें,

तुम अत्याचारी को आदर्श बतलाते हो
हम परमार्थी जीवन की बात करें,
तुम उसमे भी स्वार्थ सिधाते हो
हम अटूट भारत की बात करें,
तुम टुकड़ों का गैंग बनाते हो

कैसे कह दे तुम भारत के ही हो
जब तुम भारत को ही आग लगाते हो।

भारतीय संस्कृति

जहाँ आस्था परिस्थियों पर भारी है
ऐसी संस्कृति हमारी है,
जहाँ वचन मृत्यु पर भारी है
ऐसी संस्कृति हमारी है,
जहाँ परिणाम प्रलय पर भारी है
ऐसी संस्कृति हमारी है,
जहाँ प्रेम प्रतिकार पर भारी है
ऐसी संस्कृति हमारी है,
जहाँ जोश जश्न पर भारी है
ऐसी संस्कृति हमारी है।

जल

क्या प्राण की परिकल्पना
हो सकती है जल बिना?
क्या देव पूजा और अर्चना
हो सकती है जल बिना?
क्या संत की संकल्पना
हो सकती है जल बिना?
क्या भाव पूर्ण अभिव्यंजना
हो सकती है जल बिना?

जल जीवन का मूल है
इस धरा का अमृत फूल है
जल जीव का पर्यायवाची है
जल बिन हम सब याची है

जरा सोचिए
वह दृश्य कितना विकल होगा
जब जल के लिए महासमर होगा
रण में लोग एक दूसरे का रक्त बहाएँगे
दूसरे के जल पर अपना अधिपत्य जताएँगे
धन धान्य नहीं संपदा होगी
जल ही जन की विपदा होगी

जल जीवन का द्योतक है
इस बात को जान लो तुम
जल संरक्षण का प्रण
खुद के मन में ठान लो तुम।

मैंने हार कहाँ मानी है

थोड़ा सा और बिखर जाऊँ
मैंने यही ठानी है
ऐ ज़िन्दगी थोड़ा रुक
मैंने अभी हार कहाँ मानी है,

पत्थरों पे चलते हुए राह
खुद-ब-खुद बनानी है
कदम थोड़ा थके है
लेकिन मन तो मनमानी है
ऐ ज़िन्दगी थोड़ा रुक
मैंने अभी हार कहाँ मानी है

तेज़ लहरों में कश्तियों को
डूबने से बचानी है
हाथ कांपे है लेकिन जोश
तो वही तूफानी है
ऐ ज़िंदगी थोड़ा रुक
मैंने अभी हार कहा मानी है

मेरे इश्क में करम और
आँखों में मेहनत की रवानी है

ज़िक्र

मायूस हूँ जरूर लेकिन मुकद्दर
लिखने की ठानी है
ऐ ज़िन्दगी थोड़ा रुक
मैंने अभी हार कहाँ मानी है

नींदो में सपने आँखों में ख्वाब
बस इतनी सी कहानी है
उगा तो सूरज, बहा तो समंदर
वरना चांद सी रोशन जवानी है
ऐ ज़िन्दगी थोड़ा रुक
मैंने अभी हार कहाँ मानी है।

वो बात बता देना

नदियाँ किनारे हम तुम
सदियां यूँ बिता देना
जो बात कही न तुमने
वो बात बता देना...

जन्मों से जो रिश्ते अजन्मे
वो रिश्ता बुना देना,
जो बात कही न तुमने
वो बात बता देना..

पैरों में जो पायल छनके
वो धुन तो सुना देना,
जो बात कही न तुमने
वो बात बता दे न.....

शब्दों से जो सरगम निकले
तुम उनको गा देना,
जो बात कही न तुमने
वो बात बता देना..

मैं गीत नहीं लिख पाऊँगा

पत्थर, नदियाँ और ताल यहीं
घर छोटा, हृदय विशाल यहीं,
शब्दों के ठोकर खाने से
मैं शब्द नहीं चुन पाऊँगा
मैं गीत नहीं लिख पाऊँगा।

सूरज, चंदा और प्यार यहीं
घर टूटा पर संसार यहीं
खुद के मिलने को भी मैं अब
मिलना न कह पाऊँगा
मैं गीत नहीं लिख पाऊँगा।

छोटी गलियाँ, बाजार यहीं
जीवन और मृत्यु का सार यहीं
पत्थर पर ठोकर खाने से
जीवन के पर झड़ जाने से
अब फिर न मैं उड़ पाऊँगा
मैं गीत नहीं लिख पाऊँगा।

पानी की कहानी

पानी, पानी, पानी
ये मेरी है कहानी

खर्च हुआ हूँ जितना
अब उतनी है बचानी
पानी, पानी, पानी
ये मेरी है कहानी

समन्दर था मैं पहले
अब बूँदों में बचा हूँ
मौजूद था मैं कितना
अब सिमटने लगा हूँ,
पैसों की कहानी
कीमत तुमको है चुकानी
अब भी न हम सम्भले
तो जान है गवानी

पानी, पानी, पानी
ये मेरी है कहानी।

ये मुझे पता नहीं

गुमशुदा है कौन?
ये मुझे पता नहीं
फ़िक्र है मुझे जो हरपल
कहीं ये मेरी खता तो नहीं

कौन याद रखता है किसे
एक अरस के बाद भी
दिल कभी भुला न उसको
दिमाग का पता नहीं

मुश्किलों में एक चेहरा
जो नज़र आये मुझे
काश ! हकीकतों में भी
वो कभी दिख जाये कहीं
गुमशुदा है कौन मुझमें,
ये मुझे पता नहीं।

नज़रें

तुम देखो या न देखो
मैं तुमको देखा करता था
नजरों के मिलने के डर से
चुपके ही देखा करता था

तुम देखो या न देखो
मैं तुमको देखा करता था
तन के मिलने का मोल नहीं
मन का मिलना अनमोल यही,
प्यासी आँखों के चितवन से
मैं तुमको देखा करता था।

तुम देखो या न देखो
मैं तुमको देखा करता था।

मन महादेव

कंकड़-कंकड़, पत्थर-पत्थर
वो हर निर्बल का साथी है
वो महाशक्ति वो है पुराण
वो तो कैलास का वासी है
संकट संकट मोचन मोचन
वो तो विपत्ति विनाशी है
वो महाशक्ति वो है पुराण
वो तो कैलास का वासी है

चन्दन में शिव, वंदन में शिव
बातों में शिव, रातों में शिव
नींदों में शिव, गीतों में शिव
आँखों में शिव, सांसों में शिव

अक्षर-अक्षर, अंकन-अंकन
वो तो अनंत अविनाशी है
वो महाशक्ति वो है पुराण
वो तो कैलास का वासी है
पंकज-पंकज, लोचन-लोचन
वो तो निर्भय नाभवासी है
वो महाशक्ति वो है पुराण
वो तो कैलास का वासी है

दर्पण में शिव, तर्पण में शिव
भावों में शिव, गावों में शिव
पल पल में शिव, निर्बल में शिव
संतो में शिव, अंतो में शिव...

2.

शिव ही शक्ति शिव ही भक्ति
शिव बिना संसार शून्य है
शिव है दाता शिव विधाता
शिव बिना परिणाम अपूर्ण है।

शिव ही भाव शिव भावार्थ
शिव बिना अध्यात्म शून्य है
शिव ही महिमा शिव ही गरिमा
शिव बिना किरदार कुरूप है।

3.

मैं ही आरम्भ हूँ, मैं ही अंत हूँ,
मैं ही चराचर जगत मैं ही अनंत हूँ,
मैं ही एक साधु का तप,
मैं ही हर व्रत का फल हूँ,
मैं ही घनघोर अंधकार में प्रकाश हूँ,
मैं ही हर निर्बल की आस हूँ,
मैं सर्वज्ञ सर्वविद्यमान हूँ,
मैं ही सर्वशक्तिशाली
महादेव त्रिकाल हूँ।

4.

शिव को समझना संसार को समझने जैसा है
अनकहे शब्दों के भाव को समझने जैसा है,
नाम को कम लेकिन किरदार को समझने जैसा है
भव और भवसागर के यथार्थ को समझने जैसा है।

5.

शिव शिव शिव, सरकार ही शिव है
अपना घर, संसार भी शिव है,
ज्योति और प्रकाश भी शिव है
हर निर्बल की आस भी शिव है।

6.

किसी के लिए कहानी तो
किसी के लिए बस किस्सा हूँ,
मेरा अपना अस्तित्व कुछ नहीं,
बस महादेव मैं आपका हिस्सा हूँ।

7.

शिव की महिमा बस
शिव ही जानें,
मन की बातें
बस शिव ही मानें,
डूबें मन तो बस शिव ही पुकारे
शिव ही संभालें, शिव ही संवारें।

8.

गरीब बच्चों का पेट भर सके
दिन व रात में
इसलिए भगवान खुद बिक जाते हैं
त्यौहार में।

9.

तुम गीत में, तुम प्रीत में
सरगम की धुन, संगीत में,
तुम याद में, फरियाद में
चाहत की नदियाँ, धार में,
तुम शाम में, तुम शोक में
तुम इस जगत, परलोक में,
तुम काल में हर साल में
मेरे हृदय, पाताल में,
बस शिव हँसे शिव ही बसे
मेरे विषय और चाल में।

10.

अगर महल की मजबूती की चाहत है तो
नींव की मजबूती को स्वीकारना होगा
अगर महादेव की चाहत है तो
विष को स्वीकारना होगा।

11.

मैं खुद का हमेशा महादेव से
जुड़ाव महसूस करता हूँ,
मुसीबतों को ज़िंदगी का
पड़ाव महसूस करता हूँ।

12.

क्या महिमा मैं शिव की गाऊँ
वो तो है अनंत अविनाशी,
वही बैठे केदारनाथ में
वही ही बैठे जाकर काशी।

13.

महादेव करें सबको सबके
सपने मिल जाए,
किसी का खोया हुआ कल
किसी के बिछड़े हुए
अपने मिल जाए।

माँ

जिनकी नज़र में शक्ल अच्छी न हो
फिर भी मैं 'अभिनेता' जैसा,
जिनकी नज़र में, मैं हार कर भी
विजेता जैसा।

2.

नफरतों के इस शहर में
मैंने प्रेम का पर्याय देखा है
जी हाँ
मैंने एक शब्द में
सारा संसार देखा है।

3.

मैं झूठ बोलता हूँ
वो फौरन समझ जाती है,
क्योंकि वो तो माँ है
वो केवल सच ही पहचान पाती है।

4.

पल-पल जो बस मेरी
खुशियों का हिसाब रखती है
माँ के अलावा कौन है जहां में?
जो ऐसा किरदार रखती है।

5.

मेरे हिस्से की ख़ुशी कम
गम भले ही ज्यादा कर दे,
मगर मेरी माँ के हिस्से के ग़मों को
तू आधा कर दे।

6.

अगर मोहब्बत की भी माँ होती
तो उसे भी इसकी फिक्र बेइंतहा होती,
ज़माने में लोग इसे भी अकेला न कहते
नाराज़गी भले ही होती अधूरे होने से
लेकिन मुक़द्दर माँ के आगे मोहताज़ न होती।

7.

लोग कहते हैं कि तुममें
तुम्हारी माँ का थोड़ा अक्स दिखता है
मेरा तो मानना है बिना उनकी ममता के
कौन यहाँ शख्स दिखता है।

पिता

मुसीबतें लाख आयी दरवाजे पे
जिसने चमकते पहर को
ज़िन्दगी का शाम किया,
जो मुसीबतें मुझसे न हल हो सकीं,
उसे पिताजी ने थाम लिया।

2.

पिता के वर्चस्व को ऐसे
जाना जा सकता है
परिवार की परिभाषा
पिता से होती है,
मुश्किलें कितनी भी हो
हल पिता से ही होती हैं।

3.

पिता परिवार की वो अनमोल
विरासत होती है,
हमारे वजूद की, इन्हीं से खड़ी
सल्तनत और सियासत होती है।

माँ बाप का प्यार

माता-पिता के प्रेम का
अंदाजा तुम ऐसे लगा लो
उनकी तबियत खराब होने पर
उनकी फिक्र
बच्चों के भविष्य की होती है
न कि स्वयं के वर्तमान की।

शहीद

मेरी प्रिये प्रिय तुम्हीं हो, प्रियतम बस है धरा मेरी
छोड़ के साथ गया मैं हूँ बता अब क्या सजा मेरी

मेरी सांस तुम्हीं में है बस धड़कन दे गयी दगा मेरी
महसूस करोगी तुम हरदम, तिरंगे में है फ़िज़ा मेरी।

2.

एक देश का जवान ही तो है
जो देश बेचने वालों में नहीं
बचाने वालों में आता है।

3.

वो मौत भी किसी काम की नहीं
जो राह पड़े आ जाये तो,
वो मौत नहीं बलिदान है फिर
जो देश के लिए दी जाये तो

4.

मेरी मिट्टी भी मुझसे बयान माँगती है,
मेरी शहीदी का एक निशान माँगती है।

5.

ये हुनर हर कोई नहीं पाता, कि
जान देकर जमीं बचा जाता।

6.

एक फ़ौजी ही है जो वतन के लिए
जीता है,
बाकि हम सभी तो वतन में जीते हैं।

7.

लिखने को मिले अगर आज़ादी की दास्तां तो
बेवक्त मौत को मैं शहीदों की
कुर्बानी लिखूँ,
उनकी वतनपरस्ती को मैं प्रेम और
उनके सीने को मैं हिंदुस्तान की
छाती लिखूँ।

8.

ये मेरी ज़मीं खूनों से सनी
कोई एक यहाँ बलिदान नहीं,
जितनी कौमें उतनी लाशें
किसी एक कौम का काम नहीं।

ये मेरा वतन ये मेरी ज़मीं
जब बात वतन पर आ जाये,
पहली गोली फिर खाने को
मुर्दे में भी जान फिर आ जाये।

यादें

मिटती नहीं यादें
चाहे कोशिशें हज़ार हो,
जब प्यार एक बार हो
फिर न बार-बार हो,
मिले अगर ख्वाईश पूरी
करने का एक मौका
तो मैं दुआ करूँ रब से
समंदर जैसी चाह हो
बारिश जैसा प्यार हो।

2.

अब नहीं आती यादें उतनी
जितनी पहले आया करती थीं,
अब नहीं सताती रातें उतनी
जितनी पहले सताया करती थीं,

यादों पर अब धुंध का एक पहरा है
प्यार अब उतना भी गहरा नहीं,
सदियां बिता दी हमने अकेले ही
चलता रहा हमेशा कभी ठहरा नहीं।

3.

तुमसे भी ज्यादा प्यारी
अब तुम्हारी यादें हो गयी है,
मेरी अपनी इच्छाएं अब मुझमें कुछ नहीं
बस दूसरों की इच्छाएं और दूसरों की बातें
मेरे लिए दुआएँ हो गयी हैं।

4.

मेरी मोहब्बत की बस
इतनी सी कहानी है,
पलकें अगर भीगी तो
याद बस उसी की आनी है।

5.

शाम को जिस तरह
सूरज ढलता है,
बिल्कुल उसी तरह
कोई मेरे दिल में
उतरता है।

6.

मिलूंगा तुमसे किसी दिन
तुम्हारी ही यादों में,
मोहब्बत की बातों में
पलकों से गिरते आँसूं में।

7.

रातों का जगना अक्सर
यादें बुलाता है,
साँसें तो चलती है बस
दिल ठहर सा जाता है।

8.

जरूरी नहीं कि मौत सिर्फ हथियारों से हो
यहाँ इश्क़ में भी इंसान मरता है,
बशर्ते वहाँ इंसान किसी घर में रहता है
मगर यहाँ इंसान अंदर ही घर करता है।

9.

यादों की भी एक अपनी कहानी है
जितना कम सोचो उतनी ही याद आनी है,
इंसान मर जाता है यहाँ एक जनम लेके
यादें मरती नहीं मुश्किलें चाहे जितनी आनी हो।

10.

खामोशी से मतलब नहीं मतलब बातों से है
दिन तो कट जाएँगे मसला रातों से है
राते भी बीत जाएँ अगर वो ख्वाबों में है
पर अब वो न दिल में है न दिमाग़ों में है।

उद्धरण

बदला नहीं,
बदलाव ले आओ
समस्या नहीं,
समाधान ले आओ।

2.

इंसान अपने विचारों
और व्यवहारों से
अलग हो जाता है।

3.

माननीय जनता ध्यान दें
गलत को गलत और
सही को सही पहचान लें।

4.

मेरी बंदूख भी, मेरे हुकुम से आजाद है साहब
बेईमानी की बू आती है और
ये अपने आप चल जाती है।

5.

मैं आजाद हूँ बरखुरदार,
मुझे गोलियों से डर नहीं
बस भारत की जमीं पर
विदेशी बोलियों से डर है।

6.

गरीबी इंसानियत को पालती है,
अमीरी मगरूरियत संभालती है।

7.

यदि आपके पास सुंदरता नहीं है तो इसकी प्रतिपूर्ति
सुविचार और सदाचरण से की जा सकती है, किंतु
अगर आपके पास सुविचार और सदाचरण नहीं है तो इसकी
प्रतिपूर्ति सुंदरता से कभी पूरी नहीं की जा सकती है।

8.

व्यक्ति कौन है
ये मायने नहीं रखता है,
व्यक्ति कहाँ है
ये मायने नहीं रखता।

9.

इंसान की पहचान इंसानियत से है,
मोहब्बत की पहचान मासूमियत से है,

10.

मैं एक अरसा गुज़ार दूँ
बस इंतज़ार में,
बस मिलने की खबर
पक्की हो
सौ जनम वार दूँ
इक इकरार पर
बस मिलने की खबर
पक्की हो।

11.

मोहब्बत का आखिरी शब्द क्या होता है,
शायद मौन ही पूरा वक्तव्य होता है।

12.

तुमने बनाया कुछ नहीं बस बर्बाद किया,
तुम मुसाफ़िर ही हो ये एहसास दिया।

13.

क्या रंग में क्या बारिश की बूँद में
यादें ही यादें है चाहत की संदूक़में।

14.

गुजरा मोहब्बत भी हरपल गवाही देता है,
यादें अकेलेपन को दर्द की दवाई देता है।

15.

ये टूटी दीवारें ईमानदारी बयां करती हैं,
हरकते तेरे जुर्म की कहानी बयां करती हैं।

16.

दूसरोंको पाने से ज्यादा जरूरी है
खुद को पाना।

इश्क़

जिसका रूठना मुझे रब की रुसवाई लगे
जिसका न बोलना मुझे और दुखदायी लगे
जिसका प्रेम मुझे पीड़ा की भरपाई लगे
जिसके आँखों में पानी
मुझे समंदर सा दिखाई पड़े
जिसके होने से रब
और साथ न होने से
रास्ता भी न दिखाई पड़े।

2.

अधूरे प्यार का यहाँ
अंबार लगा हुआ है,
बस कुछ के हिस्से में ही
पूरा प्यार लिखा हुआ है।

3.

बाबू जी के अखबार
हाथ में लेते ही,
माँ का चाय बनाने के लिए
जाना भी इश्क़ है,

उनके नहाने से पहले
तौलिया उनके हाथ रख
जाना भी इश्क़ है,

उनका गुस्सा दबाने के लिए
उनकी पसंद का पकवान
बनाना भी इश्क़ है,

हर लम्हें में एक दूसरे की फिक्र
लेकिन ख़ामोश चुपचाप इसे
छुपाना भी इश्क़ है।

4.

किसी के सपनों में तो, किसी की
कहानी में मरे हैं,
मगर हम तो प्यास से लड़ते हुए
पानी में मरे हैं।

5.

अल्फाज़ो को कभी आजमा के देखना,
मोहब्बत को कभी मुस्कुरा के देखना
अगर दर्द को समझना हो तो
कभी दिल लगा के देखना।

6.

माना कि अब हम प्यार नहीं
तुम्हारी पहली चाहत में शुमार नहीं
नजरें आज भी बस तुम्हें ढूँढती है
दूर जरूर हूँ, लेकिन चाहत बरकरार वहीं।

7.

तुम्हारे जख्मों को देखकर
जो तुमसे जुड़ा है,
यक़ीन मानिये वो आपकी
फ़िक्र में खड़ा है।

8.

मुझे कभी उतना प्यार नहीं मिला,
लेकिन ये भी सच है
कितनों को उतना भी नहीं यार मिला।

9.

मेरा अपना दिल मुझसे
जवाब माँगता है,
बेपनाह दर्द का
हिसाब माँगता है।

10.

मैंने मोहब्बत को, चंद सिक्कों में भी
मुस्कुराते देखा है,
किसी अजनबी का, एक बच्चे को गुब्बारा
थमाते देखा है।

11.

मेरा अपना ही दिल मुझे
अपनाने से मना करने लगा है
कहता है अब तू पहले जैसा नहीं
अब तू गैरों की तरह रहने लगा है।

12.

तुमको अगर कभी मेरी बातें अच्छी लगे
कभी भी एक दफ़ा मेरी बातें सच्ची लगे,
तुम हल्का सा मुस्कुरा देना
मैं समझ लूँगा सच्चाई का आज भी मोल है,
टूटे शब्द, टूटे दिल, तुम्हारे लिए आज भी अनमोल है।

13.

प्रेम की बस इतनी परिभाषा है कि
पतझड़ के मौसम को सावन,
और पत्थर दिल को पावन
समझने की आशा है।

14.

इश्क़ का सूरज मुझे
रोज उठाता है,
लेकिन धोखे की बदरी
मुझे रात का एहसास
दिलाता है।

15.

सौ पन्नें लिखकर
अब भी न हम सोये है,
तुम सोचो तो
तुमको याद करके
कितना हम रोये हैं।

16.

प्रेम जब मन में बसे,
फिर भेद सारे गौण हैं
कर रहे हैं बातें दो दिल,
अब शब्द सारे मौन हैं।

17.

तुम्हारे लिए मैं दिन को भी रात लिखता हूँ,
कभी-कभी मैं खुद के जज्बात लिखता हूँ,
मैं दर्द को मोहब्बत का अंजाम लिखता हूँ,
कभी-कभी मैं खुद के जज्बात लिखता हूँ।

18.

आसमानी कहानियों से बेहतर
ज़मीं का किस्सा होता है,
बेईमानियों के शहर में भी
सच्चाई का थोड़ा तो हिस्सा होता है,
बुराईयाँ लाख भरी हो जमाने में
जिसका दिल साफ हो
वो हमेशा बच्चा ही होता है।

19.

पल भर की कहानी का साया हूँ मैं
गैरों से कम,
अपनों से ज्यादा सताया हुआ हूँ मैं।

20.

मैं दिल की बात समझता था
इसलिए शब्दों को न समझ सका,
मैंने गैरों को खुदा मान लिया था
इसलिए अपनों को न समझ सका।

21.

बैठो घड़ी दो घड़ी गुफ़्तगू के लिए,
दवा जरूरी नहीं है हर वक़्त
सुकूं के लिए।

22.

अगर इश्क़ भी इनामी हो
सच कहता हूँ
फिर इसमें
ज़रा भी बेईमानी न हो।

23.

जो मोहब्बत के अरमानों को
मोहब्बत से जान लेता है
जो बिन कहे अल्फाजों को
लबों से पहचान लेता है
जो अपना न होकर भी
अपनों सा एहसास देता है
वो शरीर हो कर भी
रुह को पहचान लेता है।

24.

जिसके मुस्कुराहट के अंदाज़ में
थोड़ी खामोशियाँ है,
समझों उसने दर्द को दिल से पहले
जी लिया है।

25.

प्रेम का अर्थ छपा है
पन्नों में,
किंतु वास्तविकता
छिपी है कई जन्मों में।

26.

सौ दफ़ा किस्से उन्होंने
सौ दफ़ा हमने सुनाये,
जिक्र जब मोहब्बत का आया
न वो कुछ बोल पाये
न हम कुछ बोल पाये।

27.

बेशर्तों पे इश्क़ हुआ था
शर्तों पे मोहब्बत जारी है।

28.

रंग अगर संगत का हो
तो छूट भी जाता है,
मगर,
रंग अगर चाहत का हो
तो कभी नहीं छूटता।

29.

हमसे एक नहीं मिलने हज़ार आएं
सवाल तो तब उठे
जब तुम्हारे सिवा किसी
और पर हम दिल हार जाएँ।

ख़ुद्दारी

रिश्तों को सहेज कर रखते हैं,
कभी भी आजमाते नहीं हैं।
खुद्दारी इतनी है कि मौत भी आ जाए
लेकिन कभी किसी से बतलाते नहीं हैं।

अक्स

अक्सर यूँ बैठे- बैठे
कहीं मैं गुम सा हो जाता हूँ,
शायद मैं, मैं नहीं रहता
मैं तुम हो जाता हूँ।

आधुनिक मुद्दे

शिक्षा, स्वच्छ जल, रोजगार के लिए लड़िये,
अपने और अपनों के परिवार के लिए लड़िये,
खुद की बेहतरी और देश के विकास के लिए लड़िये,
यूँ न जाहिलों की तरह समाज में सरेआम लड़िये।

जिया मैं जिया

पल-पल दिल बहलाऊँ कैसे,
जिया मैं जिया
ये बताऊं कैसे ।2 ।
नींदों को नजदीक लाऊं कैसे,
जिया मैं जिया
ये बताऊं कैसे ।2 ।
ख्वाबों को सच कर जाऊं कैसे,
जिया मैं जिया
ये बताऊं कैसे ।2 ।

भरोसा

जो मुद्दतो से और मुक़द्दरों में तेरा है,
वो हर वक़्त तेरा रहेगा
बशर्ते उसे आजमाने के
ये खुद को भी सिखाना होगा,
गर रही मंजिल 'एक' ही दोनों की,
तो थोड़ा साथ उसे
और थोड़ा साथ
तुझे भी निभाना होगा।

अपनी-अपनी कहानी

हर शख्स की कहानी दूसरे से जुदा है,
यहाँ हर शख्स
किसी न किसी की कहानी में बुरा है।

उम्मीद

चंद ख़्वाइशों के लिए
जंग में उतरना खुद ही है,
यहाँ लड़ना भी खुद ही है
और संभलना भी खुद ही है।

पत्थर पड़ते रहेंगे
अक्सर वजूद पे तेरे
उन पत्थरों से नव निर्माण
करना भी खुद ही है।

ज़िन्दगी

कोई मरता नहीं किसी के जाने से,
बस ज़िन्दगी जीना छोड़ देता है।

शिकायतें लाख होती है ज़माने से
बस वो शिकायत करना छोड़ देता है।

मुरादें पूरी करता है वो जमाने की
बस खुद की ख़्वाइशों को छोड़ देता है।

प्रेरणा

किसी की प्रेरणा से परिपूर्ण हो
जो कभी हार नहीं मानते
पर्वत सी हो परेशानियाँ
लेकिन उसे अंधकार नहीं मानते...

मुश्किलों में भी मुस्कुराहट संग
किसी के लिए कुछ करके
कभी उसे उपकार नहीं मानते।

परोपकार

जब दूसरों का दर्द
अपने से ज्यादा समझ आने लगे
तो समझो
दूसरों को हम और
हमको दूसरे समझ आने लगे।

इबादत

'मंदिर- मस्जिद' कुछ दिन बंद कर देते हैं,
चलो
कुछ दिन इबादत 'मन' से कर लेते हैं।

जज़्बात

सुनो...
मैं एक बात कहता हूँ
दर्द को ही जज़्बात कहता हूँ।

फ़िक्र

खटखटाते रहिये
दरवाजा एक दूसरे के घर का
मुलाक़ात न सही,
आहटें आती रहनी चाहिए।

बातें

इंसान कभी 'पूरा' नहीं होता
बस 'पूरक' होता है।

आस्था

जिस प्रेम के प्रताप में डूबी प्रजा सारी,
उस प्रेम के प्रभाव में
प्रभु भी पानी-पानी हो गए थे।

जाति न पूछों साधू की

जो निज संकल्पों से
सम्पूर्ण जगत को तार दे,
अपने जीवन के वैभव को
मानव जीवन पर न्यौछार दे,
न सम्पदा, न चाह धन-धान्य की
जो निरंतर कामना करें कल्याण की
जाति न पूछों उस साधु की।

हल

मिल जाता है हर मुश्किल का हल,
लेकिन पहले 'पहल' होना जरूरी है।

ख्वाब

रातों को नींद मुझे
इसलिए भी नहीं आती
क्योंकि
हर रात मुझे
मेरे ख्वाब
टूटते अच्छे नहीं लगते।

भरोसा

जब रात को अपनाया
तो दिन ने बगावत कर दी,
जब पत्थर से दिल लगाया
तो फूलों से शरारत कर दी
जब अपनों ने ठुकराया
तो गैरों ने हिफाज़त कर दी
जब नदियों ने ठुकराया
तो समंदर ने इजाज़त दे दी।

देहात

वो गाँव से है साहब
उसमे शहरों सी चालाकियाँ नहीं,
वो प्रेम को जीता है
उसे पढ़ता नहीं।

रातों की आवाज़

अगर रात का शांत होना
तुम्हें अच्छा लगा
तो शर्तिया
तुम्हारे मन को कोई
सच्चा लगा।

बुरे का अंत बुरा

जीवन का इतना
पर्याय होता है
बुराई का अंत
हर अध्याय में होता है।

खामोशियाँ

वो बातूनी थी
इसलिए शब्दों को समझती थी
मैं कम बोलता था
इसलिए खामोशी भी पढ़ गया
वो महलों की आदी थी
इसलिए मैं अपनी
झोपड़ी में ही रह गया।

दर्दबयानी

मेरी ख़ामोशी का एक राज ये भी है
मैं दर्द को किसी से न कह कर
खुद को ही संभाल लेता हूँ
और जब दर्द ज्यादा हो तो
उसे कागजों पे उतार देता हूँ।

किरदार

दफ़न करने से पहले
एक बार नब्ज जरूर देख लेना साहेब
कलाकार उम्दा है
कहीं किरदार में न हो।

ख्वाब

समंदर की लहरें जैसे किनारों पे आ जाती है
वैसे ही
जब रात होती है ख्वाब सिरहाने पे जाती है।

ख्वाहिशों का घर

ख्वाहिशों का अपना कोई
घर नहीं होता
ये वहाँ बेघर होता है
जहाँ कोई दर्द नहीं होता।

कलम

कलम और कागज़ में भी
मोहब्बत सी कहानी है,
कलम के चलने पे ही
कागज़ को खुद की
एहमियत समझ आनी है।

सरयू किनारे

झूठी दुनिया से काहे की आस,
सरयू में डूबेंगे रघुवर के दास।

आत्मविश्वास

फरेबों की दुनिया में
सच्चाई का कोई गुजारा नहीं
वो सच में
काबिले तारीफ़ है
जो अभी तक हारा नहीं।

इश्क़

पत्थर-पत्थर, पत्ता-पत्ता
ख़ामोशी बतलाती है,
सच्चा इश्क़ कहीं भी हो
पास मगर ले आती है।

सूने सपने, सूनी गलियाँ
अक्सर ये समझाती है,
एक सन्नाटे के बाद
आहट वहीं से आती है।

अपने

टूटा कोई कितना भी हो,
जुड़ता वो सपनों से है
बिछड़ा कोई कितना भी हो
मिलता जरूर वो अपनों से है।

समझ

मेरी दुःख भरी शाम का
सहर हो जाए,
अगर किसी को
मेरी खामोशी की
खबर हो जाए।

सादगी

सादगी का सफर
सुहाना होता है
तवज्जो कम मिलती है
लेकिन लोगों से बड़ा
याराना होता है।

रात

सूरज का ढलना
एक बात बताता है
जीवन का चढ़ना और उतरना
ये राज बताता है
जो समझे वो समझदार
वरना ज़िंदगी का काला सच
ये उन्हें रात बताता है।

टूटना

पत्ते का टूटना
कभी महसूस किया है
बिल्कुल अदब और ईमानदारी से
मानो लगता है थक गया हो
खुद की लाचारी से
न मौसम से मोहब्बत
न पानी से प्यार
मानो ऐसा लगता है
जैसे खुद से ही गया हो हार।

प्यार

मेरा जमाने में
कद सिर्फ इतना है,
कि लोगों के दिए हुए
मोहब्बत के तौल जितना है।

प्रकृति

कुदरत ने भी अपनी
एक लक़ीर खींची है
जब भी इंसान उसे पार करता है
हासिल कुछ नहीं बस,
समस्याएं अपार 'करता' है।

चिराग़

चिराग़ रोशन जमाने को नहीं करता
किसी एक पहर भी काम आ जाये
समझो उसका काम पूरा हुआ।

क़ाबिल

जब भी मौका मिले
खुद को साबित जरूर करिए
ज़माने में कुछ लोग आज भी
काबिल और काबिलियत की
कद्र करते हैं।

रात का जगना

जितनी भी आँखें ये
रातों को जगती है
मैं शर्तिया कहता हूँ
या तो किसी को पढ़ती है
या तो किसी के लिए लिखती हैं।

दुआ

दुवाओं का कोई रंग नहीं होता
लेकिन बेरंग ज़िन्दगी को
रंगीन करने की ताकत रखती हैं।

बेशुमार

सभी की नज़रों में
ये मुमकिन नहीं एक सा यार हो जाना,
किसी के लिए तो कुछ भी नहीं
किसी के लिए बेशुमार हो जाना।

नेपोटिस्म

जब कोई मानसिक या शारीरिक रूप से असमर्थ व्यक्ति
किसी समर्थ का हक़ अनैतिक तरीके से छीनता है
तो वो Nepotism है।

ज़िन्दगी

नाराज़ ज़िन्दगी का
ये भी एक तराना है
जो जितना पुराना है
हमें याद
उतना ही आना है।

दर्द

दर्द का एक कोना भी
गर तुम देख लोगे,
सच कहता हूँ
खुद के गम पे
रोना भी छोड़ दोगे।

एकांत

बड़ा मुश्किल होता है बिन मौसम के
बरसात हो जाना,
लोगों का हरदम साथ होना फिर
एकांत हो जाना।

जज़्बात

अब मैं किसी से शिकायत नहीं करता
जज़्बात कैसा भी हो उसे ज़ाहिर नहीं करता,
अंदर ही अंदर सब समझ के समझा लेता हूँ
दर्द कैसा भी ही अब उसे बाहर नहीं करता।

टूटना

पतझड़ सा सूख गया हूँ मैं
अपनों से भी रूठ गया हूँ मैं
न शिक़ायत न उम्मीदी
शायद टूट गया हूँ मैं।

लिखावट

शायद उतना अच्छा
नहीं लिखता मैं,
सच कहता हूँ लेकिन
सच्चा लिखता हूँ मैं,
जो गुजरती है उसे
उतार देता हूँ
बिखरती यादों को
सम्भाल लेता हूँ।

दर्द

अब मैं छिपाने लगा हूँ
दर्द को भी दबाने लगा हूँ,
मौजूदगी में मुस्कुराने लगा हूँ
गम में भी गुनगुनाने लगा हूँ।

बचपन

खेल का वो दौर न पूछो
हम उस दौर से है
जहाँ जिसका बैट होता था
वो पहले बैटिंग
और जिसकी बॉल होती थी
वो पहले बॉलिंग करता था।

आत्मविश्वास

मंजर अगर बंजर भी है
तो क्या हुआ
अगर तुझमें खुद्दारी है
तो तू अकेला ही
उन सब पर भारी है।

लेखक

अल्फाजों को आजमाने की
कोशिश करता हूँ
लेखक तो नहीं लेकिन
लिखने की कोशिश करता हूँ।

लोग

जो लोग मन में उतरते हैं
उन्हें संभाल कर रखिए,
जो लोग मन से उतरते हैं
उनसे संभल कर रहिए।

मुक़द्दर

मैं अपना मुकद्दर तो नहीं जानता
लेकिन मोहब्बत जानता हूँ
मैं ख़ुशी से रहना तो नहीं लेकिन
ग़म में जीना जानता हूँ।

बेसहारा

दर्द से हारा हुआ
आवारा हूँ मैं,
मंजिल की तलाश में निकला
एक बेसहारा हूँ मैं।

हमदर्द

मेरे शब्दों को समझने से पहले
तुम्हें दर्द को समझना पड़ेगा,
दोपहर की उस कड़ी धूप को तुम्हें
बरसात की बूँदों जैसा
हमदर्द समझना पड़ेगा।

कलम

मेरी कलम भी मोहब्बत का
असर लिखती है,
लेकिन शामों-सहर में बस
वो एक पहर लिखती है।

सौंदेबाजी

ऐसा नहीं की मैं
इश्कमिजाजी नहीं
बस मोहब्बत को मोहब्बत
मानता हूँ,
कोई सौदेबाज़ी नहीं।

वादें

मेरे अपने वादें हैं
मेरे अपने किस्से हैं,
दर्द भी बंटा हुआ है
उसके भी कई हिस्से हैं।

तुम

कभी मैं न लिखूँ तो,
मेरे लिए तुम लिख देना
कभी मैं न हँसुं तो,
मेरे लिए तुम हँस देना
कभी मैं न दिखूँ तो
मेरे लिए दुआ करना।

शब्द

मैं शब्द कम लिखता हूँ
सच्चाई ज्यादा,
मैं प्रेम कम लिखता हूँ
बेवफाई ज्यादा।

बारिश

कभी बारिश की बूँदों को
आसमान से गिरते देखा है
उसमे गिरने का ग़म दिखाई नहीं देता है,

बल्कि ज़मीं से मिलने की ख़ुशी
दिखाई देती है।

व्याख्या

मैं शब्दों की तरह शांत हूँ
मैं अर्थों की तरह व्याप्त हूँ,
मैं मृत्यु की तरह यथार्थ हूँ
मैं प्रेम की तरह पर्याप्त हूँ।

बोलने दो

एक और तरीका है
लोगों को जानने का
शब्दों को बोलने दीजिये
यकीनन वो उन्हीं शब्दों को चुनेगा
अंतर्मन में उन्हीं शब्दों को बुनेगा
जिससे उसकी पहचान होगी
और हमारी मुश्किल आसान होगी।

दगाबाजी

मैं नाकामी को हार नहीं मानता
मैं बेवफाई को प्यार नहीं मानता
अड़चनों को दर्द की कराह नहीं मानता
जो दोस्ती में दग़ाबाज़ी दे दे
उसे मैं कभी यार नहीं मानता।

तन और मन

तन को जानने से पहले
बेहतर है मन को जान लो
तन की सुंदरता तनिक होती है
मन की महक शाश्वत होती है।

किनारा

जब कश्ती कभी किनारों से टकराती है
तो उससे मोहब्बत की आवाज़ आती है
बीच मंझधार में वो खुद को एकदम अकेली
और किनारों पे किसी का साथ पाती है।

घाव

अब मैं खुद की खैरियत
किसी को बतलाता नहीं हूँ,
घाव सारे खोल देता हूँ
किसी से कुछ छिपाता नहीं हूँ।

शब्द के घाव

शब्दों के घाव गहरे होते हैं
किसी का छोड़ देना उतना बुरा नहीं लगता
जितना किसी का बोल देना।

अरमान

कई रिश्तों के साथ
आज भी मैं अकेला हूँ,
खुद की ख्वाहिशों को दबाकर
दूसरों के अरमानों को झेला हूँ।

बिगड़ना

माना कि मैं बिखरा हुआ हूँ मैं
लेकिन मेहनतों से निखरा हुआ हूँ मैं,
बुराई की आदत नहीं मुझमें इसलिए
लोगों से थोड़ा बिछड़ा हुआ हूँ मैं।

अहम की नवाबी

मैं कभी दिमाग को दिल पर हावी नहीं होने देता,
मैं संबंधों को ऐसे ही बेजवाबी नहीं होने देता
किरदार को अंत तक
पहचानने की कोशिश करता हूँ,
खुद के अहम को कभी किसी पर
नवाबी नहीं होने देता।

तुम

ज़िन्दगी के मसले तो यूँ
हल हो जाए,
अगर तू मेरा आज नहीं
कल हो जाए।

हमदर्द

मुझे खुद भी नहीं पता
किसमें क्या फर्क लिखता हूँ
बस तुमको सोचता हूँ तो
हमदर्द लिखता हूँ।

आहट इश्क़ की

अगर किसी की नामौजूदगी
तुम्हें दर्द देने लगी है,
तो समझो इश्क़ का आहटें
दरवाजे पे दस्तक देने लगी हैं।

निराशा

मेरा अपना दिल संभलता नहीं
तुम्हें क्या संभालूँगा
मेरी अपनी तकदीर संवरती नहीं
तुम्हें क्या सवारुंगा
मैं खुद ही खुद से मिलता नहीं तो
तुम्हें क्या मिलाऊँगा।

दुःख

दुःख की कोई परिभाषा नहीं
हर कोई इसे अपने हिसाब से
महसूस करता है
जिसके हिस्से में जितना
आता है उतने को ही वो
दुःख कहता है।

बात

चलो कुछ बात कर लेते हैं
आज की सुबह को
मोहब्बत की शाम कर लेते हैं।

गरीब का प्यार

गरीबी का प्यार कभी
चालाकियाँ नहीं जानता,
वो मोहब्बत को जीता है
उसकी बारीकियाँ नहीं जानता।

नफरत

नफरत को कितना
संभाले हुए है लोग
एक प्यार है जो
किसी से संभाला नहीं जाता।

जज़्बात

यूँ जज़्बात को रोकना
आसान नहीं होता

हार कर, जीत का सोचना
आसान नहीं होता

टूटे हुए दिल से
प्रेम गीत का सोचना
आसान नहीं होता।

प्रकृति

प्रकृति ही प्राकृतिक वस्तुओं
का संरक्षण करती है।

फ़िक्र

मुझको तेरे संग बिताया हर लम्हा
और उसकी कहानी याद है

सुबह का उगता सूरज और
शाम का बरसता पानी याद है

तुम्हारा हर पल यूँ फिक्र करना और
जवाब न देने पर नाराजगी याद है।

मुझे अब भी तुम याद हो और
तुमसे जुड़ी बातों की रवानी याद है।

ख्वाहिश

अगर ख्वाहिशों को छोड़ दो
तो शर्तिया ये वहीं जाएँगी
जहाँ पर इनको मोहब्बत
सबसे ज्यादा नज़र आएँगी।

फिक्रमंद

मोहब्बत के अंजाम को हर कोई
अपने हिसाब से लिखता है
कोई मासूमियत, कोई धोखा,
कोई बेवफाई का इल्ज़ाम लिखता है
मैं फ़िक्रमंद हूँ उसका इसलिए
मैं इसको उसका प्यार लिखता हूँ।

दर्द

जहां में हर कोई मोहब्बत के
दर्द से वाकिफ़ है,
लेकिन वो दिल लगाता जरूर है,
ठोकरें वो लाख भले ही खा ले लेकिन
सच्चे प्यार की आस,
लगाता जरूर है।

तन और मन

तन का मिलना कितना आसान है
बस मन का मिलना दुश्वार हो गया।

अकेलापन

यूँ तो हर कोई खुद को
दिल के करीब बताता है,
लेकिन असलियत में
कोई नज़र नहीं आता है।

साँसों का चलना, आँखों से दिखना
सबूत नहीं है ज़िंदा होने का
अंदर का खालीपन ये भी हथियार है,
लेकिन ये किसी को नज़र नहीं आता।

मौन

पता है इस जहां में,
सबसे ज्यादा बेचारा कौन है
जो टूटा हुआ है, हारा हुआ है
और अंदर से एकदम मौन है।

शब्द की नज़र

जो खुद के कम होने पर भी
दूसरों की खबर रखते हैं,
मैं कहीं भटक न जाऊँ
जमाने में इसलिए मेरे शब्द ही,
मुझपर नज़र रखते हैं।

झूठ

झूठ तो ऐसे लोग बोलते हैं,
जैसे सच से उनका कोई वास्ता ही नहीं
दिल तोड़ने में जरा भी नहीं हिचकिचाते
जैसे और कोई दूसरा रास्ता ही नहीं।

सच की उड़ान

झूठ के अपने पंख होते हैं,
सच की अपनी उड़ान।

मेहनत

मैं आस्तिक था इसलिए रोज बैठकर,
बस खुद के भाग्य को कोसता रहा

वो किसान था इसलिए रोज घर से
निकलकर वो अपने खेत जोतता रहा

कुछ दिन बाद उसके खेत में
फसल लहराने लगे
मेरे भाग्य से ज्यादा
उसके कर्म मुस्कुराने लगे।

प्रेरणा

समझदारी हमको ये भी सिखाती है,
कि जीत अक्सर हार के बाद आती है।

आरज़ू

ये शहर सबको सब कुछ नहीं देता है,
जीत की आरज़ू में किसी का कुछ नहीं
तो किसी का सब कुछ लुटा देता है।

रुह

माना कि मैं इंतज़ार करता हूँ,
तुमसे आखिरी चंद सवाल करता हूँ
कोई एक रास्ता बताओ,
खुद का रुह से निकलने का,
तो आज मैं रुह को शरीर से आज़ाद करता हूँ।

जख्म

इस ज़माने उसके दर्द की दवाई कौन दे,
जब उसका मलहम ही उसे और दर्द दे।

नज़र

अब ज़माने में कोई किसी को नहीं देखता
हर कोई हर किसी से नज़र फेरता।

अंजान रिश्ते

मैं अपने ज़ज़्बात की कहानी क्या लिखूँ,
बेदर्द दिल और आँसुओं की रवानी क्या लिखूँ।
बस इतना समझिए कि अरमानों को
हमने मोतियों की तरह पिरोया था
किसी अंजान रिश्ते को हमने
अपनों की तरह संजोया था।

गलतियाँ

तुम मेरी अच्छाई और मुझपे ऐतबार न करना,
मैं गलत कहाँ था बस ये खुद में सवाल करना।

कलम

कलम में इतनी धार होती है
न कोई औजार होते हुए वो
सबसे बड़ा हथियार होती है।

आँसूं का रंग

आँसूं का कोई रंग न होते हुए
कई रंगीन यादों को संजोए रखता है,
जिनके ख्वाब और दिल टूटे हुए रहते हैं
उनके हक़ीक़त के पन्नों को भिगोए रखता है।

हिसाब

मेरी तकलीफ़े मुझसे मेरा इम्तिहान लेतीं हैं,
सौ दर्द देकर एक ख़ुशी का हिसाब लेतीं हैं।

नसीब

वक़्त से लड़ता हुआ जो नसीब बदलता है
है इंसान वही जो अपनी तक़दीर बदलता है।

शख्स

कुछ-कुछ तुमसा ही मुझे अक्स दिखा,
सपने में फिर मुझे वही शख्स दिखा।

मासूमियत

पत्थरों के जमानों में मैंने
एक मखमल सा ख्वाब देखा,
फरेबों की बोलचाल में मैंने
मासूमियत का जवाब देखा।

मुनाफ़ा

ज़माने में दर्द को छिपाना कैसा,
दिल्लगी में दिल को बहलाना कैसा,
ख्वाहिशों का बाजार रोज लगाता हूँ
अगर एक ख़्वाब भी न बिके तो
फिर मुनाफ़ा कैसा।

कलम

अगर मैं कलम रख दूँ तो
ये दिल चलने लगता है,
अनकही, अनसुनी बातों को
ये फिर समझने लगता है।

राजनीति

राजनीति में अक्सर लहू का रंग
बेरंग होता है
ताकि
सही समय पर उसे
सही रंग दिया जा सके।

गरीब और गरीबी

गरीबी जितनी दिखती नहीं
उससे कहीं ज्यादा बिकती है
शब्दों में, अर्थों में, गीतों की रंगोली में,
वादों में, फरियादों में और
राजनेताओं की बोली में।

राजनीति

राजनीति में कुछ शख्स ने
किस्मत यूँ सँवारे हैं,
खुद के अस्तित्व बचाने के लिए
बलि के कुछ बकरे पालें हैं।

मुर्दा या ज़िंदा

इसीलिए कभी ऐसे दलदल में भी आना पड़ता है
मुर्दा नहीं ज़िंदा है, ये ज़माने को बताना पड़ता है।

राजनीति

राजनीति में जो तुम्हारे चरणों में गिरते हैं
वही कल तुम्हें अपने चरणों में झुकाते हैं,
अन्याय की घनघोर चमक में
न्याय का घना कोहरा बनिए,
न किसी की चापलूसी करिये
न किसी का मोहरा बनिये।

नन्हा बीज

एक नन्हा सा बीज
पेड़ो सी ताक़त छिपाए रखता है,
बिना किसी स्वार्थ के वो
नित निरंतर बस बढ़ता रहता है।

कलाम

जिनका वजूद धर्म की बंदिशों से ज़ुदा है,
जो मुस्लिमों से पहले भारतीयों के ख़ुदा है।

श्री राम

हमारी संस्कृति कुछ ऐसी है कि
हमें पत्थर में भी भगवान दिखते हैं
किसी गरीब फ़कीर को देखते हैं तो
हमें उसमें ही श्री राम दिखते हैं।

शख़्सियत

मेरी शख़्सियत का अंदाजा
तुम ऐसे लगा सकते हो
पहले मैं बख़ूबी बचाता हूँ,
फिर भी न समझने पर
बड़ी शिद्दत से समझाता हूँ।

आज़ाद

जिसकी शहीदी से वतन
आबाद हो जाता है,
वही इस मिट्टी का चंद्रशेखर
आज़ाद हो जाता है।

ख़ुद्दारी

ग़द्दारी देखनी है तो
बड़े लोगों की जी हुजूरी देख लो,
और
खुद्दारी देखनी है तो
किसी मजदूर की मजदूरी देख लो।

आज़ाद

तुम्हारे डर से किसी वीर को
अधीर लिख दूँ क्या
करोड़ो के आदर्श को किसी के
अधीन लिख दूँ क्या
कुछ कलम आज भी सच्चाई की
लकीर लिखते हैं,
लहू को क्रांतिकारी और वतन की मिट्टी को
ज़मींर लिखते हैं।

राजनीति

जो नेता मंच और रंगमंच तक
सीमित रहता है वो
एंटरटेनर हो सकता है लेकिन
राजनेता नहीं।

बेनकाब

एक-एक के चेहरे बेनकाब होंगें
हर एक चोटों के दुगुने हिसाब होंगें,
शिकारी यहाँ अब खुद ही शिकार होंगें
कैद में जी रहे हर पंछी अब आजाद होंगे।

श्री राम

राम के ही शब्द में
संसार का प्रमाण है,
राम ही है साधना
राम ही सरोकार है।

रस्म

दोस्ती में एक रस्म
ये भी निभायी जाती है,
दोस्त से पहले उसकी मुसीबत
गले लगायी जाती है।

चाहत

कुछ तो चाहत अधूरी रह गयी होगी
इन बारिश की बूँदों की
वरना कौन आता है जमीन पर
आसमान तक पहुँचने के बाद।

मीठे बोल

कड़वाहट भरी जिंदगी में
कोई इंसानियत का मोल दे,
पल न दे सके तो ग़म नहीं
बस मीठे शब्द दो बोल दे।

अस्तित्व

जिनके शब्दों में झूठ और
कर्मों में बस बहाने ही है,
उनका अस्तित्व ही नगण्य
अब इस ज़माने में है।

इश्क़

तुम बाढ़ की तरह
इश्क़ तो करो
हम चौपाल की तरह डूब न जाये
तो कहना।

झूठ

अगर झूठ को बचाने के लिए
आँखों को बेचने की रजामंदी हो,
सच कहता हूँ ये दुनिया फिर
आधी से ज्यादा अंधी हो।

सपनें

अब बातें कम है यादें ज्यादा
अब नींदे कम है रातें ज्यादा
अब उम्मीद नहीं करता दिल
कुछ बेहतर होने कि, क्योंकि
अब साँसें कम है सपनें ज्यादा।

फ़िक्र

तुम्हारी कौन सी आदतों को मैं कभी खराब कहता
गर कहता तो अपनी हिफाज़त पे ही सवाल करता।

खैरियत

तुम गैरियत में खुश हो
हम तुम्हारी खैरियत में,
तुम छोड़ कर खुश हो
हम तुम्हें जोड़ कर।

परवाह

बेपरवाह दिल, बेक़रार हो गया
जो तेरे संग था कभी आज़ाद हो गया,
बेरंग था जहां, अब रंगीन जहां हो गया
दर्द-ए-फ़िक्र की ज़िद बेदर्द बेजुबां हो गया।

दर्द

सौ दर्द मिले एक उफ्फ न हुयी
जब तू न मिली चाहत भी गयी,
अब मैं अकेला दुनिया न बसेरा
ज़िद भी गयी और जां भी गयी।

जज्बात

पत्थर सी दुनिया में
अल्फ़ाज़ फूलों से है,
चाहत के दरिया में
जज़्बात शूलों से है।

बिखरा बीज

जो टूटा है
निश्चित ही कुछ नया करेगा,
बिखरा बीज़ ही तो
बंजर ज़मीं को हरा-भरा करेगा।

जुड़ाव

जो टूटा है उसी को तो
जुड़ने की चाहत होती है
समंदर को कब कभी
दरिया की आदत होती है।

आहट

एक आहट सी है सीने में
सदियाँ और रात महीने में,
एक गम का मंजर बना हुआ
खुशियों का मुकद्दर छिना हुआ
कुछ सांस बची है सीने में
खुदके जीवन को जीने में।

इंसानियत

नफरत की खाई को
मोहब्बत से पाटने आया हूँ मैं
मैं इंसान हूँ और बस
इंसानियत बांटने आया हूँ मैं।

तेरा

जो हाथ लगे वही तेरा
बाकि सब मन का फेरा,
जो दिल में बसे वही तेरा
बाकि सब घोर अंधेरा।

आजमाइश

ज़िन्दगी जीने का एक
सलीका ये भी समझिए,
ख्वाहिशें खूब रखिये
लेकिन आजमाइश कम करिये।

गुरूर

तुम्हारी नवाबी और
हमारी सादगी में
फर्क बस इतना है,
तुमने जो चीजें
जी हुजूरी में पाई हैं
हमने उसे
किसी मजबूरी में गवाँई हैं।

जिंदादिली

ज़िन्दगी को कुछ इस तरह
शर्मिंदा रखा हमने,
मुसीबते लाख थी पर हँसी को
जिंदा रखा हमने।

ज़िद

जब से ज़िद छोड़ दी है
ज़िन्दगी आसान हो गयी है,
बेगैरियत, एकाकी मेरी
पहचान हो गयी है।

बदनाम मोहब्बत

एक तरफा बेवजह बदनाम मोहब्बत
न तेरे काम की मोहब्बत
न मेरे काम की मोहब्बत,
जिसे मिला उसे कद्र नहीं था
जिसे नहीं मिला उसे मिलने
को पल पल परेशान मोहब्बत।

बातें

गीत लिखना कोई बड़ा काम नहीं
बस महसूस हो रहे जज्बातों को
कागज पर उतार देते हैं,
कुछ बातों को जहन में रखकर
कुछ बातों को ज़माने को बता देते हैं।

फ़िक्र

तेरी फ़िक्र मुझको पास बुलाती है
जो दिल में उतर जाती है,
वो दूर कहाँ फिर जाती है।

दर्द कि तुरपाई

कुछ बातें न ही बोलीं जाएँ तो अच्छा है
दर्द पर पड़ी तुरपाइयों को
न ही खोला जाए तो अच्छा है
कुछ लोग दर्द को बस आँखों में पढ़ लेते हैं
ऐसे लोगों को शब्दों न तौला जाय
तो अच्छा है।

गरीब का प्यार

गरीब के प्यार में कोई दिखावा नहीं होता,
महंगी अंगूठी, चूड़ी, कंगन का पहनावा नहीं होता,
प्यार से हाथ पकड़कर अगर कलावा भी बांध दे मोहब्बत में
वो इंसान कभी बेसहारा नहीं होता।

दावा

मैं कुछ ख्वाब देखूं
तुम उन्हें पूरा करने का दावा कर दो,
आज मत जाओ कहीं
घर पर बारिश का ही बहाना कर दो।

शब्द के घाव

चोट से ज्यादा गहरे घाव शब्द के होते हैं,
यकीन न हो तो खुद से पूछिए
हादसे से ज्यादा आपको बातें याद होंगी।

उजाला

हमने देखा है उजाले को
अंधेरे की फ़िक्र करते हुए,
कहीं अंधेरा अकेलेपन का शिकार न हो जाए
इसलिए एक पहर उजाला आ ही जाता है
चाहे दूसरी पहर शाम ही हो जाए।

भूल जाना

जो मुक़द्दर में नहीं था
उसे हम पाते भी कैसे,
जो सांसों से जुड़ा था
उसे भूल जाते कैसे
इसलिए हमने ये बात समझी
दिन को दिन नहीं रात समझी।

गुमनाम

दुनिया में सबसे बुरा लगता है
इच्छाओं का तमाम हो जाना
सबके साथ होने पर भी
खुद का गुमनाम हो जाना।

प्रेरणा

धूप ही धूप है ज़िन्दगी में
कहीं छाँव नहीं,
चलने के लिए बस हौसला है
पाँव नहीं।

बदलाव

चाहते आप है अगर कुछ नया हो
बदलाव का एक नया किस्सा बयां हो,
तो साथ तो आपको भी आना होगा
चुप बैठने से बेहतर मर जाना होगा।

मौन

मैं जो बातों को न बोलूँ
तुम इतना समझ लेना,
मेरे मौन को भी तुम
मेरा प्यार समझ लेना।

मिलन

साथ तेरा था इतना प्यारा
मन से मन का मिलन हमारा,
भूल नहीं मैं सकता तुम्हें
चाहे सौ हो जन्म हमारा।

प्रयाग

कठिनाइयों के दिनों को चीर कर,
फुरसत की एक शाम हुयी,
जिस प्रयाग में लोग मरने कि
ख्वाहिश रखते हैं,
यहाँ मेरे जीने की शुरुवात हुयी।

असर

मोहब्बत के हर एक पल को
अभी भी याद करता हूँ,

तुम्हारी नाराज़गी के कहर को
अभी भी याद करता हूँ,

मोहब्बत को मौत तक निभाने की ख्वाहिश थी
उस ख्वाहिश में तुम्हारे असर को
अभी भी याद करता हूँ।

रुह

जिस्म का रुह से
इतना नाता यहाँ
पास रहता वही
दूर जाता कहाँ
मुक़द्दर मेहरबान हो तो
प्यार मिल जाता यहाँ
पास रहता वही
दूर जाता कहाँ।

खुद को पहचानना

खुद को पहचानना बड़ा ही मुश्किल काम है,
अकेले के वजूद को दिखाने में
और तुमको अलग कर जाने में नाकाम है।

जज्बात

मैंने जज़्बात को जबरन छिपा लिया,
उसने हँस के सवाल पूंछा
मैंने हँस कर ही जवाब दिया
अंदर कुछ सवाल थे जो बाहर आ रहे थे
मैंने उसे समझा बुझाकर अंदर ही संभाल लिया।

परवाह

जब अपनी जीत से ज्यादा
उसकी खुशी की परवाह हो
मोहब्बत की यही परिभाषा है
जहाँ अपनी फ़िक्र कम
दूसरेकी फ़िक्र बेपनाह हो।

निशानियाँ

मेरे नसीब में ये निशानियाँ हैं
ख़ुशी कम ज़्यादा परेशानियाँ हैं,
मोहब्बत मुक़द्दर की मेहरबानियाँ हैं
पराये बहुत लेकिन आपको की वीरानियाँ हैं।

हिफाज़त

मेरे प्यार और हिफाज़त की
बस इतनी सी परिभाषा है,
तारीफें ताउम्र है
मगर मिलन में निराशा है।

हम ही चले जाते हैं

तुम्हारी मुस्कुराहटों के लिए
ख़ुशी की आहटों के लिए
हम ही चले जाते हैं

तुम्हारी नयी चाहतों के लिए
किसी से किये नए वादों के लिए
हम ही चले जाते हैं।

ईमानदारी

ये टूटी दीवारें
ईमानदारी बयां करती हैं,
तुम्हारी हरकतें, तुम्हारी जुर्म की
कहानी बयां करती हैं।